JN408900

가을 산행

지성 · 감성의 메타언어
조선문학시인선 · 326

가을 산행

임 영 희 시집

조선문학사

■ 책 머리에

푸른 파도 넘실대는 쪽빛바다 제주도 한라산 넉넉한 치마자락에서 어린시절을 보내면서 시가 무엇인지 모르지만 공책자투리마다 일기장 틈새마다 몇자씩 적어두었던 기억이 시인이라는 명함을 갖게 만들어주었다.

꿈많던 유년 시절, 동경하던 대도시로 달려 왔으나 삶이란 테두리에서 벗어나지 못하고 방황하던 나에게 한줄기 빛은 글을 쓰는 것이었다.

시를 발표할 때마다 얼굴이 붉어져 자랑하기도 쑥스러웠지만 등단할 때의 설램으로 시집을 엮는다는 크나큰 행운을 함께 하여 주는 아들과 남편에게 고마움을 전하면서 기쁠 때 함께 웃어주고 슬플 때 함께 걱정해주는 하남문협 식구들에게 진심으로 감사의 마음을 전한다.

특히, 힘이 되어주시는 옳곧은 스승님과 많은 도움을 주신 박진환 교수님께 진심어린 감사를 드린다.

2012년 8월 12일

雲草 임영희

■ 시집 앞자리에

임영희 시인이 첫 시집을 구름 꽃밭에 꽃잎으로 묶는다.
그녀에게 구름의 꽃바구니를 하늘가에 날리자.

시인이 시집을 묶는다는 것을 무엇에 비유할까?
프레데리크 프랑수아 쇼팽이 올린 즉흥환상곡을 피아노의 음악이라고 하지를 않고 시라고들 한다. 아름다운 음악은 시가 되고 아름다운 시는 음악이 된다.

임영희 시인은 문학공간으로 시 세계에 서게 되었다. 그리고 이번에 첫 시집을 구름하늘에 날리게 되었다. 두 번, 세 번, 축하를 드린다.

'햇살 가득한 산길을 걷는다'

어름다운 시어들이다.
임영희 시인의 『가을 산행』이다.
6연 16행의 작품이다. 그중 1연에서 1.2행이다.

헤르만 헷세의 시에 '하늘을 건너서 구름은 가고 들은 건너서 바람은 간다' 어쩐지 손 끝에 와 닿는 것 같다. 그러나 감각이 다르다.

임영희 시인의 첫 시집 제목은 『가을 산행』으로 했다. 가을이 손 끝에 와 닿는다. 다시 한번 불러본다. 가을로 가자.

봄은 여성의 계절이요, 가을은 남성의 계절이라고 하지만, 다시 생각하면 계절은 남과 여를 구별하지 않는 것이리라.

『가을 산행』의 시집속에 실려있는 작품들을 구별해 보면 손에 담고싶은 시제들이 참으로 많다. 독자들이여 이 시집을 사랑하라.

2012. 8. 15.

황금찬

가을 산행

제1부
ㄱ에서 ㅎ까지

제2부
꽃과 사계

제3부

시집 평설

제1부

ㄱ에서 ㅎ까지

기다림

흰눈 내리면
그리운 사람아
첫 만남의 그 벤치로 오셔요

봄 여름 가을 우리의 속삭임이
눈꽃으로 피어나서
공원 가득 사랑으로
채워지게 하셔요

새들도 보았지요
그대 눈빛에 젖은 사랑을
나무들도 보았지요
그대 변치 않을 약속을

오늘
소리 없이 내리는 흰 눈은
나를 겨울 나무로 서서
기다리게 하네요
그대를

감기

초대하지 않은 당신은
아침 창문 사이로 오시나요
저녁 산책길 미행으로 따라 오시나요
난, 정말 괴롭습니다

한낮에도 훌쩍훌쩍
어른들 앞에서도 훌쩍훌쩍

친구 하기도 싫고
사랑하기는 더욱 싫은데
계절도
장소도
체면도 필요 없고

튀어 나오는 재채기에
머릿속까지 파고들게 하는 고통은
무슨 심술입니까

미련없이
사랑하는 마음으로 보내드릴 테니
떠나주십시오
부탁합니다 제발

기도

내일은
아침밥을 지을 때 누군가를 위해 한 줌의 성미를 덜고
지나가는 누구라도 선뜻 들어올 수 있게 대문 열어 놓게 하소서

내일은
먼지와 악취 속에서 가슴 가득 희망을 키우며
눈물겹게 살아가는 가난한 이웃들의 아픔에 동참하게 하소서

내일은
몸이 불편한 이들이나 마음이 부족한 이들이나
몸져누운 이들에게도 작은 사랑 나눌 수 있는 그릇이 되게 하소서

내일은
서슬퍼런 삶의 무게에 휘감겨 바랄 것도 없고 나눌 것도 없어
설움에 겨운 이들과 함께 울 수 있게 하소서

내일은
끝없는 하늘 향해 양팔 벌려 가슴 터져라 소리치며
말 못할 사연들 날려보내게 하소서

내일은
사랑 알고 용서를 배우며 감사 할 줄 알고 지혜를 깨우치며
나를 학대하지 않게 하소서

나의 불꽃놀이

서남단 제주도 모슬포
내 유년의 11월

보름달이 휜하게 떠오르는 날이면
억새밭 사이를 지나 뒷동산에 올라
안도하며 새가슴처럼 파닥파닥 뛰던
그 조마조마함을 얼마나 기리고 즐겼던가

언니 오빠들의 위대해 보였던 유년의 11월
깡통이 찌그러지지 않도록 안에다
열십자로 나무를 대고 못으로
구멍을 뚫고 나서 양쪽에 철사를
묶어 끈을 만들어
달 밝은 하늘을 쳐다 본다

솔방울 몇 개 밑불 붙이고
쇠똥 말똥 지푸라기 주워다가 깔고
감재 가득 담아 즐기던 뒷동산

언니 오빠들 일렬로 서서 힘차게
돌리기 시작하면 우리들의 간식
구워 먹기 불꽃놀이 축제가 펼쳐진다

※감재 : 고구마의 제주도 방언.

내 아들에게

너
세상을 향해
울음 시작하던 날

진통을 겪으며 커튼 사이로 보았던
푸른 하늘 같은 가슴을 가져라

재주부리는 두 손 보다
책 읽는 두 눈이 더 빛나는 것

달콤한 단어보다는
약이 되는 쓴 소리가
너를 키우는 양식인줄 알아라

혼자서 가는 길은 만인과
어울릴 수 없는 길

나를 태워 남을 위할 수 있는
장작이 되어주는 보람을 배우며 익혀라

놀이터

어린이집을 다녀온
손녀딸이 놀이터에 가지고
손을 잡아끈다

놀이터 가득 담긴
햇살은 눈부시다

오르락내리락
그네 타는 손녀딸은 하늘빛
곱다고 웃음 짓고

온 몸이 간지럽다고 재잘대는
미끄럼틀 아가들도
엉덩이마다 웃음을 깔고 미끄러진다

그만 돌고 싶다고 어지럽다고
울음 반 웃음 반 돌림판은 엄살인데
어느새 모여 들었는지
잠자리도 나비들도 동심에 취해
너울너울 춤을 춘다

덕풍천

검단산 할아버지가 가슴에 품었던
눈물이 흘러내린 것인가

위례성에 주무시는 선조님들이
정갈하게 열과 성을 다하여
만들어 주신 생명수인가

잔잔히 흘러가는 개울물에
바람을 따라온 나비도
옷을 벗어 망초대에 걸쳐놓고
멱을 감는데

허기를 채우러 왔는지
백로 한 마리 주둥이를 처박고
물속을 뒤지더니 하늘 쳐다보는
목덜미가 꾸억꾸억 꿈틀댄다

하남의 찬란한 역사를
심장 깊은 곳에 묻어 두고
아픈 상처들도 내색하지 못하는
작지만 큰 덕풍천

돌다리 건널 때마다
마음속으로 새겨본다
열심히 가꾸고 다듬어
후손들에게
자랑스러운
아름다운 휴식처가 되었으면 하고

동행

내가 마중물이 된다면
너의 가슴 깊은 곳에 묻어둔
미련을 꺼내어 사랑을 손잡고
메마른 사막이라도 갈텐데

내가 비로 내려
땅을 촉촉히 적셔 스며들어
당신에게 갈 수 있다면
좋아하는 민들레 한송이 피워줄텐데

당신이 잠들면 나는 숨소리 고르며
슬픔도 힘이 될 수 있다고 살며시 손잡고
속삭이는 사랑노래 들려줄 텐데

상처없이 살아가기에는
이 세상 모든 것이 미안하다고 말해 주면서
함께 걸어갈 수 있는 동행으로
백발이 된다면 감사 할텐데

들길에서

내안에 그리운 씨앗 하나
기약없이 버린 님이 찍고간 발자국
논두렁 밭두렁 삼아 흩뿌린다

어느새 잎을 피우고
대궁을 올려 열매를 보려나
호미들고 두렁에 나가서
슬픔을 경작한다

눈을 씻고 찾아봐도
내가 심은 싹은 없고
도랑으로 흐르는 물소리
저만치 내 마음 훔쳐 도망친다

철 잃은 잠자리 하늘을 나는데
얼마나 더 몸부림쳐야
푸른 싹이 돋아 날까
감자도 양파도
흙을 비집고 나오는데

마라토너

– 발

뛰었습니다
진창길도 뛰었습니다
비바람이 불어도 뛰었습니다
돌부리에 치여 피가 나도 뛰었습니다
발바닥에 물집이 터져 쓰라려도
이를 악물며 뛰었습니다

목적지를 향하고
시간 단축을 위하여
뛰고 또 뛰었습니다

결승점에 도착할 때 많은 사람들은
기쁨에 겨워
만세를 부르며
목에 힘을 주어 환성을 터트렸습니다

모두들 그 모습에 경의를 표하고
감동에 흥분하여 손바닥이
아프도록 박수를 보내지만

아쉬운 것은
달려온 마라토너의 발을 쳐다보는
사람은 아무도 없습니다

몽당연필

모퉁이 틈새에서
몽당연필 하나 주웠다

얼마만에 만져 보는 몽당연필일까
유년의 어느날
언젠가 잃어버린 내 것 같았다

욕심 없으면 바보 되는 세상
소리 없이 희생하시는 어머니의 모습을

그래
구차하게 변명하지도 말고
내 마음을 전하기 위해
조금은 손해와 고통이 오더라도

다른 이를 위해 사는 삶이
뿌듯한 마음이 되고 나눌 수 있는
사랑으로 사는 세상이 되었으면 하는 사연

몽당연필로 써 담아본다

무궁한 생명

굽이마다 유유히 흐르는
민족의 강

검단산 골짜기마다 잠들지 못하고
떠도는 장수들의 생명이 되는 꿈도 한도
가슴팍으로 받아들이고

이루지 못한 위례성의 역사도
치유하지 못한 아픔도
오랜 세월 지켜본 당신의 눈빛

하늘도 울어버린 도미부인의
애틋한 사랑이야기도 토해내지 못하고
깊은 마음 섶에 묻어 둔 채

삭히고 걸러낸 어머니 마음
무궁한 우리들의 생명수로 말 없이 흐르는
당신은 한강

미사리 추억

검단산 정수리에 비추는 환한 햇살
정기 받은 미사리
구수한 밥 냄새 주고받는 살림살이
강가에 아이들 송사리 떼 벗하고 웃음짓네

당정리 모래밭 물장구치던 동심의 하동들은
잠자리 쫓아 어디로 갔는지 행방 알 수 없고
여름 한낮 매미소리 자장가 삼아
낮잠 자던 아이 어느덧 매미울음 벗해 사랑노래하네

징검다리 빨래터에 어머니의
품은 사랑 미사리의 연가
아롱다롱 갈대숲에 숨은 사연들
사랑으로 사랑 다듬어 부르는 연가 되어
자손만대 하늘이 내려준 선물이 되리

밤 낚시

홍성군 내면 빼뽀지 저수지
오랜만에 남편과 나란히 앉아 낚시대를 드리운다

머리 위에는 밤하늘 은하수 별밭
몇만명 풍요롭게 이고 앉아 북두칠성 처녀자리

북두칠성 국자를 물위에 그리고
처녀자리 미소로 낚시 바늘에
밑밥을 달고 던져 보기를 수십번

애써 물고기 마음 흘리려 해도
내 뜻을 받아 주기가 싫은 것인지
세월이나 낚으라는 것인지 물속을 알 수가 없는데

보자기에 싸인 어둠을 쪼아대며
소오쩍 소오쩍
소쩍새가 부리 세워 울었다

※빼뽀지 : 홍성군 내면에 위치한 홍양지의 옛이름.

밥

남편을 일찍 보내고
자식들마저 짝지어 보내고 나니
공허함 매울 수 없어
양푼 고봉밥으로 채운다는 친구

슬픈 일 괴로운 일 생각하기 싫어
어제도 오늘도 무력한 일상 길들여져
때 맞추어 밥 먹는다는 친구

작은 일에도 노여움 달래지 못해
치장하기도 싫고 외출하기도 싫어서
낮잠이나 잔다는 친구

그래
밥심으로 살아야겠지
달리 지탱할 양식이 남았던가
삶의 보약인 밥
천천히 꼭꼭 씹어서 소화시켜야지

비 오는 날에

펼쳐든 우산이
내가 맞아야 할 매를 흠씬 맞고 있다

피한 매의 위안이 가져다주는
은밀한 안도에 기대어 나는
흐린 시야를 닦으며 가고 있다

불안 속에서도 숨 쉴 수 있는 법을
우리는 용케도 발견 한 것이다

세상은 다 젖어 저만큼의 고통을
감수하고 있는데
젖지 않는 변론은 누구의 지혜일까

우산이 있다는 이유만으로
고통을 피할 수 있다는
만족이 걸음을 재촉한다

새벽 기도

밝음이 오기 위하여
밤이 그토록 어두웠던 것처럼
나의 마음도 어두웠습니다

하루의 시작을 위하여
기도 드립니다

눈을 감음은 어제의 자만을
버리기 위함이요

두 손을 모음은 어제의
억겁을 묻어버리기 위함이요

고개를 숙임은
사랑을 배우기 위함입니다

남을 위해서가 아니오니
날이 밝아오기 전에
나의 마음부터 열리게 하소서

새벽 산길

길섶에 노닐던 바람은
아침을 맞이하려
소리없이 언덕으로 올라가고

밤새 별들이 버리고 간 이슬로 세수하는
앉은뱅이 들꽃처럼 상큼한 향기에
새들의 노랫소리가 잠든 숲을 깨우는데

오늘 만큼이라도 풀지 못한 인연들일랑
모퉁이에 묻어버리는 사이
고목의 숨쉬는 소리는 골짜기마다
전설을 자라게 하고

새벽은 훌쩍 지나가는데
초라하지 않은 잔치에 동참하려면
오늘도 발자국 남기며 정상을 잡으러
이 새벽에 운동화 끈을 동여매고 있다

신발 끈을 묶으며

먼길을 떠나려 할 때는
끈이 있는 신발을
신어야 하겠습니다

시간이 더디걸리고
삐걱거리는 허리를 굽혀야하는
불편과 수고가 따르지만
졸라멘 발목에서 숨이 콱콱 막히고
굵은 땀방울이 발등에 흐를지라도
험한 산길이나 거친 들길을 걸을때에는
끈이 달린 신발을
신어야 하겠습니다

비틀거려 중심을 잃을 때나
힘겨워 넘어지고 쓰러질 때
또 다시 발목을 세울 수 있도록
끈이 있는 신발을
신어야 하겠습니다

그리운 먼 길을 갈때도
헐거워진 마음을 단단히 죄여매고
아린 발끝을
꼿꼿이 세워야 하겠습니다

어머니

택배요

받아보는 순간
어머니 냄새가 확 풍긴다
마늘이다

한줌이라도 더 담으려고
쪽내어 넣었음이 분명한
어머니의 마음과 함께 배달된
소포

관절염과 동행하며 병원에 다니시면서도
호미와 벗하시며 텃밭 일궈 가꾸신
마늘

마늘을 깐다
한겹한겹 벗겨낸 속살이
하얀 어머니 젖가슴처럼 아름답다

모든것을 내어 주고도 못다줬다고
미안해 하시는 어머니의 주름마다에
간직하신 어머니의 사랑
육신의 안위는 담너머 남의 일이 되신지 오래이신
어머님

어머님의 여름

에어컨 바람이 시원하지가 않다
뒤통수에 땀이 마르지가 않는다

이 여름은 홀로 계신 어머님을 얼마나 힘들게 할까
골방 구석에 있는 선풍기를 꺼내시는 것은 고작 두세 번
강풍 버튼을 눌러봐야 덜덜덜 소리에 나만큼 늙어서
시원치 않다고 치우시는 어머니

텃밭에 익지 않은 수박을 따오셔
얼음물에 밥을 말고 뻑 쪼갠 수박을 된장에 찍어서
입 안 가득 여름을 삭히시면서 이게 피서라고
나에게도 권하시던 어머니

올여름 함께 하지 못해서
시원하게 해드리지 못해서
물맞이도 함께 하지 못해서
불효 자식 마음 더욱 아프게 하는
이 여름이 어서어서 가기를 바랍니다

올여름 선풍기를 새로
사드리지 못해서 가슴만 메어집니다

외국 여행

오십이 넘은 나이에
떠나는 여행이다

남편이 쥐어주는 용돈을 받고
들떠 잠들지도 못했던 긴밤
새벽은 왜 그렇게 길었는지

세계에서 손꼽히는 인천국제공항답게
아침 8시 30분 사람들은 인산인해이다
번쩍거리는 상점들
난생처음 보는 상품들의 눈요기로 호강이다

비행기에서 내려다본 하늘은
목화솜 깔아놓은 벌판
내몸은 영화배우가 된 순간이다

호텔에 들어선 순간
아리랑 도라지 낯익은 가야금 민요가락이
우리를 맞이 하는데
가슴에 와 닿는 기쁨 팔이 절로 들썩인다

여행을 하면 어른이 된다고 했던가
내 나라 내 고향이 소중하고
빛나는 문화 유구한 역사가 오래임을
여행으로 철든 어른 되어 배운다

외출

외출하기 위해서
옷을 뒤적이다 생각한다

옷을 나에게 맞추어
입기가 힘든 것만큼

세상을 나에게 맞추기가
너무나 어렵다는 것을

좋은 옷의 의미가 무엇인가
나에게 맞지 않으면
아무 소용 없는 것을

남이 입어서 예쁘다고
내게 맞겠는가

날개처럼 예쁘지 않아도
솜털처럼 가볍지 않아도

나는 나에게 맞는
일상의 세계로 향한다

우리 아름다운 얘기를 하자

검정 고무신 아끼던 시절
달걀 한 알에 학용품과
군것질이 저울질되었지만
들려오는 풍금 소리에 학교로 달음질쳤었지

흙밭에 뒹굴다가도 눈썹달이 떠오르면
동물들이 재잘대는 소리에
엄마 몰래 뒷담 넘어 마실 갈 때에도
아름다운 우정이 있었지

밥상에 둘러 앉아 어쩌다 흰밥이라도 먹는 날이면
숟가락 싸움을 하면서도
형제들의 익살스런 웃음이
저마다의 꿈들을 영글게 했었지

그러나 기다려 주지 않는 세월은
푸르던 잎새가 낙엽이 되어
땅위를 뒹굴 듯이
너에게도 나에게도
황혼이 멀지 않았음을…

그래 우리 가슴앓이 하지 말고
지나가는 바람결에 실어 보낼
아름다운 얘기를 하자

은행털이

아침나절 은행을 털었다
총이나 칼 복면도 필요 없었다
우리는 삼인조다

1번, 모자와 장갑
2번, 돗자리와 빗자루
3번, 양동이와 장대

나무를 잘 타는 1번이 뽀르르 기어오른다
가지를 흔드니 후두두둑
사방으로 쏟아진다

향긋한 구린내를 맞으며
거사를 치루는 일이다

누군가 그만 하자는 외침에
조심스럽게 내려오던 주범이
떨어진 은행 더미에 주저앉아
모두가 통쾌하게 웃었다

이별

– 어머님 가시는 날에

이슬비가 사선으로 빗금 치는데
얼굴에 흐르는 눈물은 막기가 어렵습니다
세상이라는 무대를
떠난 당신

자식들의 울음소리도
당신이 가는 길을 막을 수 없고
가까운 지인도 당신의 빈자리를
대신할 수는 없겠지요

세 평 땅에 당신을 가두는 무지함 속에
비석 하나 세워놓고 한잔술 올린들
당신께 못다 한 마음

수화기 너머로 들리던 낭랑한 음성
무엇으로 대신할지
혼자 가시는 길 외롭지 않으셨는지

어찌해야 합니까
속죄할 길 없습니다

이어도

한 섬이 있었네
신비하고 고통스러운
그러나
잊을 수 없는 환상의 섬이 있었네

삶을 위하여
사랑하는 가족을 위하여
고단한 육신을 고깃배에 의지한
남정네들 중에 되돌아 오는 길을
잊은 자들이 있었다네

보름전, 한달전에 만선의 꿈을 안고
며칠 후 돌아온다고 떠났던
지아비 소식 없었네

어제도 오늘도
넋이 나간 아낙은
배고픔에 지친 어린 자식
울음이 들리지도 않는지
선창에 주저 앉아
이어도만 부르고 있다네

※이어도 : 제주도 서남쪽 지금의 해양과학기지가 있는 섬.

인생

구름을 볼 때마다
달팽이가 지나가는 것 같았습니다
느릿느릿 지게를 짊어진 할아버지처럼

밤하늘 달을 볼 때마다
살림살이가 늘었다 줄었다 하는 것 같았습니다
흥했다 망했다 살아간 아버지처럼

그래요
세상에 정해진 내 것이
어디 있겠습니까

달도 구름도 하늘에
세를 내고 사는지 모를일
지나가는 시간 귀한 줄 모르고
세월에 방을 얻어 살다가는
인생이란 나그네겠지요

작은 삶

병들고 가난해도
당신은 소중한 사람
왜냐면
부모님이 물려 주셨기에

사람들이 무시하고 업신여겨도
당신은 소중한 사람
왜냐면
필요한 자리가 있기에

가진 것 없어 도와줄 수 없어도
당신은 소중한 사람
왜냐면
사랑할 수 있는 가슴이 있기에

같은 하늘을 보는 우리 모두는
웃는 모습도 똑같을 것입니다
왜냐면
세상은 아름다운 것이니까요.

장맛비

몇 달을 한 방울 내리지 않던 비가
너무 심하게 내립니다

밤새 길이 잘려 나갔데요,
논두렁에서 할아버지가 쓸려 갔데요
양계장의 닭들이 떼죽음을 당했데요
산사태가 덮쳐버린 집터를 보는
망연자실한 어질고 착한 백성들

무너져 버린 가슴엔
눈물도 흐르지 않는데요

어찌해야 하나

작년에도
올해도 이 난리
해마다 공사를 해도
당하는 것은
어질고 착한 백성들 몫

걱정 없이 살아가게
기술 좋다 자랑 말고
백년 천년 살 수 있게 잘 좀 부탁합니다

전 품목 세일

비는 내려 마음이 우울한데
친구에게서 호출이 왔다
큰 시장에서 세일 하니 나들이 하잔다

버스를 타고 가는 유리창 너머
눈에 비추는 것은 상점유리창 마다
세일이라는 현수막에 걸린 문구가
마음을 흔든다

당장 가서 팔아줘야 할까
절대로 쳐다보지도 말아야 할까
항상 하고 있는 세일인줄 뻔히 알면서
구매충동으로 마음이 혼란하다

이웃을 사랑해서 그럴까
장사가 잘돼서 그럴까
나누는 마음이 진실이라면

천금과도 바꿀 수 없는 사랑의
향기가 온 세상으로 퍼져 가겠지

제주도 · 1

신이 내려준
아름다운 섬 제주

어느 것 귀하지 않은 것 없고
어느 것 소중하지 않은 것 없네

가난한 시절에도
억센 계절풍이 지나 갈 때에도

이엉을 덮은 초가집이나
바람 붕붕 들어오는 돌집에서도
온기로 뭉치며 살았지

남정네들이 부족한 특유의 환경이
여인네 긴 한숨 소리가 바닷가에도
들판에도 들려왔지만

천혜를 누리는 섬사람들은
불행을 이기는 지혜를 일찍 가르친
고향 제주를 사랑합니다

제주도 · 2

바라보지 않아도
벌써 내 마음에 잠긴 너
발자국 소리 가까우면
네 모습 아른 거리는 건

안개같은 그리움 파도에 녹이며
한라산 정상 보이는 품으로
지금 나 달려가네

내가 해녀의 딸이면
너는 바람의 아들이라

돌부리 채이는 고향 제주도
제주도 사랑은 누구에게나
파도 없는 잔잔한 그리움으로
숨쉰다

지울 수 없는 얼굴

무심하고 냉정한 사람이라 썼다가 지우고
불같고 목석같은 사람이라 썼다가 또 지우고

아니야
부드럽고 따뜻한 당신이라 썼다가 지우고
넉넉하고 인정 많은 당신이라 썼다가 또 지우고

내 영혼의 등불이요
내 가슴에 샘물 같은 당신이라고 썼다가 다시 지우고

아니야 아니야
사랑한다고 사랑하는 당신이라고 썼다가 또 지우는

세상에서 지울 수 없고 버릴 수 없는
얼굴 있음을 오늘에사 안 지우기 연습

지금도 따라오고 있다

어머니 차맛자락 붙잡고 졸랑졸랑
외할머니 제사 지내러 가는 밤
뒷산 소나무 잎새에 걸린 초승달이
어스레 가로등 되어 길잡이가 되고

순찰도는 방범아저씨
돌부리에 걸려 넘어질 때
담 너머 들려오는 개짖는 소리

앞선 어머니
어둠을 헤치고 나아 갈때마다
나는 자꾸만 멀어 지는데

풀벌레 울음소리
밤 이슬에 취해 그쳐 버렸다
어머니 무서워
재게 재게 열반하시며
풀벌레 울음 발길질 하시던
어머니 잰 걸음에 열심히 따라 가지만

할머니 옛날 이야기 그림자 되어
오금 저리게 따라 오고 있다

※재게재게 : 빨리 빨리 의 제주도 방언.

친구

"어머나 이게 누구니?"
"몇 년만이야 20년 30년 하고 몇 년 더 된..."
전화기가 터져라 수다를 떤다

세치 느는 것만 뽑을 줄 알았지
그렇게 세월이 가는 줄을 몰랐다

보고팠던 친구들
가슴 속에 묻었던 친구들이
어디선가 뛰쳐 나왔다

수줍던 소녀들은 오간 곳 없고
목소리 듣는 순간 할말을 잊었다
"너."
"너 이름은..."
공기돌 담았던
내 보자기는 어쨌지...

국화빵 외상으로 사먹고 그냥 못지나던 이야기는
웃음이 된다
세상에 파묻혀 반백이 되어서 만난 친구들
헤어지는 시간이 참으로 싫었다
전화기는 철커덕 놓아야했다

친구에게

밤은 애써 침묵하지 않는다

어둠은 항상
나의 초라함을 구하지 않는 위장으로
소리와 별들이 고요 속에서 휴식을 떠날 때
잠시 지나는 바람을 타고 너의 환한 모습이 별빛 속에 살아온다

언제부터인가
젊음이라는 가난을 재산으로 삼고
인생의 진한 이야기를 배우며
내일을 살아야 하는 우리에게
사랑이란 어쩌면 가장 살찐 고독일지 모른다

마흔 아홉 개의 다소곳이 단장된 일기장 속에서
쉽게 스치는 사람들을 기억하며
날마다 우린 석양을 배웅한다

기약 없는 세월 속에 바라지 않는 빛깔로
너와 나의 작은 인연이
믿음과 사랑으로 가득 할 때

이 밤도 나는 세상을 향해 외쳐본다
친구야 우리 부딪치며
사랑하자고

첫 사랑

하얀 보름달
과수원 가득 익어가는 가을밤
밤 이슬 맞으며 얼마나 앉아 있었을까

사랑으로 익어버린 볼
눈빛도 마주하지 못한 채
가슴만 두 방망이질 하던 그때
멀리 들려오는 닭울음에
집으로 가는 길은 왜 그리 멀기만 한지

어느새 동녘에 희미하게 새벽이 열리고
……
……
알 수 없는 일입니다
어떻게 가버렸는지
그저 아련한 기억일 뿐입니다

풀잎이 아름다운 것은

새벽 이슬 받아 세수하고
아침 햇살에 조반먹는 풀잎은
바람에게도 미소로 화답한다

낮은 자세로 공손하게
고개 숙이는 풀잎은 바람의 노래를
쫑긋 귀를 세우고 들어 주기도 하지만
몸서리치게 불어와도 화를 내지 않은체
마음으로 보듬어 삭힐 뿐이다

바람이 불어 내가 살아 있다고
내색 할 수 있기를
바람의 향기를 사랑하기에
꺾이지 않는 자존심으로 간직한
환한 얼굴에 바른
소중한 행복을 알기에
풀잎은 존재 한다고

풀잎의 노래

네 노래 듣는 이 어디에 있을까
찾는이 없어도
대지의 노래 부르고 있음을

짓밟히고 뽑히며
쓸모없다 베혀져도

밤이면 달님 별님
고은 빛에 감싸이고
이슬 한방울로 목축이며 노래하네

풀벌레 찾아온 밤
사랑노래 아름다워도
네 노래 듣는 이 어디에 있을까

고향의 흙인가
흙을 떠나지 못하고
흙의 노래 부르는 풀잎이여
네 노래 듣는 이 어디에 있을는가?

행복합니다

나는 행복합니다
아침마다 쳐다볼 수 있어서입니다

가슴으로 사랑으로 엮어진
알콩달콩 식구들이 있어서입니다

투털대는 남편에게 마주하고
잔소리 할 수 있는 기운이 있어서입니다

언제라도 연락하면 다정히 응답하는
소중한 친구가 있어서입니다

열정과 용기를 다하여 힘써
배워야 하는 공부가 있어서입니다

부엌에서 식구들 먹일 음식을
만드는 이 시간은 정말
행복합니다

헌 신발

외출을 하려고
신발장을 열었다

짝 맞춰 나란히 나란히
선택되길 바라고 있다

굽 높은 구두
푹신한 운동화
꽃 달린 구두
모두 아니다

역시
손이 가는 것은
어제도 신었던 헌 신발이다

발이 편하고
마음이 가볍다면
남의 눈길은 필요치 않다

다만,
나의 무게를 감당할 수 있으면
족한 것을

허수아비

갑사옷 잠자리떼 높은 하늘 비행할 때 쯤
외발로 지탱한 몸

저 만의 개성으로 누더기 한벌 걸치고
더 바랄 것은 없는 듯

오직 농부들의 값진 땀방울
지켜 주고 싶은 마음이라고

풍족한 물질 속에서 헤어나지 못하는 사람들은
새들에게는 비아냥에 지나지 않는다

추수가 끝나버린 들판에 서있는 허수아비가
말없이 표정으로 짓는 미소가 가르쳐주는

알면서 속아주고 모르면서 속아 주는 것이
살아가는 지혜라는 무언 한마디

흔들리는 것들

가볍게 나는 하루살이에게도
삶의 무게는 있는 것
벼밭을 뛰어 다니는 메뚜기에게도
삶의 속도는 있는 것

코스모스 한송이가 허리를 휘청거리며
온몸으로 무게와 속도를 받아내듯
꽃의 삶에도 속도가 있는 것

어느해 가을인들 온통
흔들리는 것 천지 아니였을까 마는
바람에 불려가는 잎새끝에도
가늘게 떨리는 심장소리
삶의 속도를 말해준 이 아니던가

생명의 물기 한점 흐르고 있어
나는, 밀짚모자 눌러쓴 농부가 되어
흔들리는 눈물을 삶의 무게로 받아내고 있다

희망

희망 때문에
바닷가로 간다

태양빛에 반짝거리는
쪽빛 바다에 오늘도
해녀들이 모여든다

거기에는 언제나
희망이 있기에
오늘도 그대들은
자맥질을 한다

할머니께서는
손자들에게 줄 희망을
어머니께서는
자식들에게 줄 희망을

딸들은 자신의
미래를 위한 희망을
바다 속에서 따온다

그곳은 언제나
여인네들의 소망이요
여인네들의 기쁨인 것이다

희망

– 내일

친구야
수심 가득한 얼굴로
왜, 사는지 모르겠다고
너무나 지친 모습으로 투정하지 말게
아무도 깨어 있지 않은 새벽에
홀로 길을 뛰어보지 않겠나?
너와 나
이 땅을 밟고 살아가면서
지금껏 무엇을 이루었나
열심히 최선을 다했는가
자책해 보지 않겠나
산이 아무리 높다 하여도
우린 정복할 수 있지 않은가
지금 우리가 아무리 어렵다 해도
피할 수 없는 현실이라면
어울리며 둥둥거리자
살아 있다는 건
아침 햇살 같은 게 아닌가
저기 수억 년 말없이
버티고 서 있는 산처럼 살아보세

제2부

꽃과 사계

꽃

꽃은 피어서
왜 보는이들 마음을 설레게 하는지
꽃이 필때면 잎새마다
왜 부르르 떠는지 몰랐다

눈물나게 사랑해본적이 있는가
누가 물어 보면 대답대신 침묵했으면

화사한 자태로 춤을 추며
황홀한 빛깔로 뭇사람 홀리는
도도한 몸짓도 잠시

지면서 떨어뜨린 꽃잎은
한방울 눈물이거니

봄이어라

예쁜 아침 햇살은 잔디에 이슬을
보석으로 밝아 빛나게 만드는 푸르름이에요

보리밭 위에 바람도 물들어
춤을 추는 푸르름이에요

온 천지에 뿌려 나누어 주고도 남아
내 마음에도 푸르름 가득하네요

희망과 행복 키우라고 향기 품은
기쁨 한가득 푸르름이에요

길을 잃어 헤매는 절망의 시인들에게도
희망을 노래하게 하는
푸르름이에요

아가들의 웃음소리에도
나비들의 팔랑거리는 날개에도
봄은 정녕 푸르름으로 충만하는 축복입니다

목련을 보며

겨우내 칼바람에 맞서
속으로 속으로 봄을 다짐하며
매서운 서리발 이겨내더니

맑은 봄나절 골라
여리도록 고운 자태
탐스러운 얼굴을 하고
영원할 것처럼 화사하더니

어느새 뚝. 뚝. 뚝.
떨군 꽃잎 발자국
어디로 돌아가고 있는 것일까

아마도 귀천일 듯 싶은 생각
발자국으로 찍으며
목련꽃 그늘을 걷는다

민들레

어쩌다 도심 속 블록 틈에서
살아가게 되었는가

사람들 발밑에 깔려도
울지도 못하고 슬퍼하지도 못하면서

쳐다보는 사람 있을까
만져주는 사람 있을까

쪼그만 틈새로
빗방울 몇 번 받아먹고

해님이 전하는 사랑으로
웃음 지으며

조그만 키에
앙증맞고 예쁘게
야물게도 피었네

벚꽃

오늘 벚꽃을 봅니다
꽃비가 내립니다
취한 나는 어쩔줄 모릅니다
해마다 피어나는 벚꽃

봄비가 내리고 바람불면
향기에 취한 나는
어쩔 수 없이 소녀가 됩니다

얼마나 많은 그리움이 쌓여서
저리 꽃잎이 무게 되어
낙화할 수 있을까

벚꽃에 취한 마음 하나 나비 되어
꽃잎을 따라 날개짓 합니다

할미꽃

"사랑합니다" 어머니
"찾아뵐께요" 어머니
귓가에 맴도는 시집간 딸아이 낯익은 목소리
오늘도 기다리고 계실까

어제나 저제나 혹시나하고
기다리는 세월이 미련한가요

눈앞에 아른대는 자식들 기다림에
탐스럽던 머리결은 어느덧
허옇게 서릿발이 내려 앉아습니다

찾아갈 생각은 열두번 더 해 보지만
끝내 선자리에서 먼 하늘바라기하고
싸릿문에 기대서서
기다림의 무게 가누지 못해
굽어버린 어머니의 등

5월

싱그러움이다
계절의 파란 신호등이 켜졌다
꽃무늬 스커트 선그라스 걸치고
횡단보도 피아노 튕기며
봄이 종종 거름으로 건너오면
병아리 어미따라 숨바꼭질하고

천지사방 출렁이는 초록물결
질주하는 젊음의 계절도 다시 출렁이고
밭갈이하는 게으른 황소 울음에
또 다른 고향 강변
잉어가 걸려 낚인 듯 파닥인다

복숭아 이야기

복숭아 속에 벌레가 살고 있지요.

복숭아는 그 벌레의 밥이고 집이지요.

복숭아는 그 벌레의 옷이고 나라였지요.

욕심 많은 사람들은 모든 것을

빼앗고 쫓아내고 죽였지요.

왜 복숭아는 사람들 것이라 정했는지요.

복숭아는 슬펐지요.

슬픈 복숭아는 사람들만 좋아하나요?

봉숭아

해마다 담장 밑 그 자리나
장독대 둘레에 피어난 봉숭아

보름달 웃는날 멍석깔아 놓고
백반하고 봉숭아 합방 시켜

못된병 물러가고 무서운 귀신 도망가라고
할머니께선 언니의 손톱마다에
붉은 봉숭아 물 들여 주셨지

아스팔트가 흙에 옷을 입혀버리고
언니들 손톱은 매니큐어로 칠해버린 지금

여름도 가을도 가고 겨울이면
손톱 끝에 메달린 초승달
가슴속에 기다리는 여인들 마음도
보기 드뭅니다

나팔꽃

밤이슬로 세수하고
아침 햇살로 화장했다고
출근길 나를 반기는데

오늘도 너를 만나는 나는
웃을 수만은 없구나
좋은 일도 궂은일도 있으니

바람이 불어와 흔들거려도
가녀린 몸 날아갈까봐 울지도 못하고

더부살이를 하는 내가
가슴앓이를 한다해도
이방인들이 어찌 너의 마음 헤아릴 수 있겠니

나비와 벌들도 발길을 끊고
태양의 열기로 몸이 일그러져도
묵묵히 울타리를 장식하겠지

해바라기

여름날의
해바라기는 희망이다
뜨거운 태양의 열기가
온 대지를 휘감고 있어도

지나가는 소낙비에
더욱 싱싱해지는 해바라기

더위에 지치고
사람들의 생각 갈증으로 목말라도
해바라기를 닮은 정열에 힘이 솟고

들판에 널려있는 곡식들도
옹골찬 마음으로
해바라기를 닮아가요

해바라기가 있어
8월의 꿈은 더욱
찬란하게 영글어 빛난다

들꽃

땡볕 35도의 여름 햇살도 잘 견디었습니다
부러지고 밟혀도 절대 울지 않았습니다
결코 화려하지 않고
찾는 이 없어도 슬퍼하지 않았습니다

아침이면 이슬 내려 씻어주고
졸음에 겨운 한 낮이면 친구들 노랫소리 벗하며
꽃 이야기 밀어로 나눴습니다
어느날 바람의 방문있어 함께 춤추노라면
가을도 저만치서 지켜보는 노을

사람꽃

살구꽃이 아무리 아름답다 해도
호수같은 눈빛 우유빛깔 재롱둥이만 할까

장미꽃이 도도하게 아름답다 해도
상큼한 열하홉 처녀와 비교 할 수는 없지

국화꽃이 품위있게 아름답다 해도
주름으로 예쁜 저승꽃 피워낸 어머니 만큼은 아니네

너와 나 백발이 되어 사방을 둘러본들
사람이 피운 인정의 꽃보다 아름다운 것이 있겠는가

꽃에서도 맡을 수 없는 향기
사랑꽃 정내음

숨비기꽃 사랑

7월의 제주바다 숨비기꽃 피어나면
섬 비바리의 사랑도 피어난다

쏟아지는 햇빛 입에 물고
전복을 따랴 미역을 따랴
천길 바닷속 넘나드는 저승길 힘겨운지
숨비기꽃들의 숨비소리

쪽빛 바다는 언제든지
오멍가멍 한소쿠리씩
마른 꽃을 따다가 베겟솜을 놓는
눈물 방울에 비친 사랑

모세혈관 피를 맑게 걸러서
멀미 끝에 오는 시력을 회복하고
시집가는 비바리 품에 연보라등 감추고
맑은 눈으로 새신랑 맞이하는
숨비기꽃 살랑

※오멍가멍 : 오다가 가다가의 제주도 방언.

가을 아침

출근길
겹옷 사이로 스며드는 바람은
겨울이 멀지 않음을 느끼게 하고

맑은 쪽빛 하늘은 깨끗하고
청명한 아침을 선사하네요

길섶으로 흩어져 촉촉히 이슬 젖은 낙엽들을
소리 없이 밟으며
풀밭으로 들어서 거닐어 보세요

들릴 듯 말 듯 아련한 벌레 소리는
돌아갈 날이 서글퍼 애틋하게 울고 있네요

가을에 익은 잎새들을
시인이 되어 주절주절

아름다운 이 세상을
모두가 행복에 겨워
노래하고 있네요

가을 산행

햇살 가득한
산길을 걷는다

형형색색의 옷을 입은
나무들은 저마다 뽐내며 서 있고

가을을 노래하는 풀벌레 소리도
다람쥐들의 예쁜 눈망울도
마음에 여유를 갖게 한다

계곡을 흐르는 물도
낙엽을 띄워 보내느라
쉬어갈 줄 모르고

약수 한 사발로
서로의 건강을 기원하며
친구가 되고

내딛는 걸음마다
다져지는 삶의
무게를 영글게 한다

9월

눈길이 가는 곳마다
풍요로움이 가득가득한 9월입니다

벅찬 감격
당신이 누구라 할지라도
가슴으로 기쁨으로 나누고 싶습니다

눈부신 저 들녘
금빛바람
찬란한 햇살

9월
농부들 손끝의 수고
그 위에 하늘이 내려준 평화

보릿고개 배고픔은 아득히
먼 이야기

지금은 넉넉한 9월의 온유함
행복입니다

단풍구경

서늘한 바람이
산에서 내려와 노닐기 시작하면
나무들은 소리 없이 조용조용히
가을 옷으로 갈아입는 것을 어떻게 아는지
시끌벅쩍 스트레스 쌓인 도회지 사람들도

농사일에 지친 시골 농부들도
알록달록 등산복으로 갈아입고
삼삼오오 단풍놀이에 동참 한다네

설악산 내장산
이름값 하는 산들은
모여드는 관광버스와 사람들의 열기에

하루하루가 힘에 겨워도
사람은 단풍구경하고 단풍은 사람구경하고
청솔무도 다람쥐도 다함께 구경 한다네

가을빛

가을이 풀숲마다 내려 앉아 있고
잔잔한 시냇물엔 고운 햇살들이
오순도순 사이좋게 놀고 있다

흐르는 냇물위에 날개 잘린 잠자리 떠내려가고
소금쟁이 바쁘게 움직이는 보폭이 크다

개구쟁이들 멱감던 자리엔
따가운 가을빛이 내려와 신열을 식히고

얼마나 걸었을까
한발자국 두발자국 코스모스 길

붉은 저녁 노을이
나를 시인으로 세운다

가을에 아름다운 것들

노을진 곳으로
어둠이 오기 전 까지 천천히 걸어 보리라

오솔길 벤치에 그리움과 서러움이
노랗게 밀려 오고

붉어진 단풍으로 가슴은 콩당콩당
소녀 같은 설렘으로 번지면

철새되어 떠나버린 낙엽
포근한 가슴에 흉터가 남겠지

추억의 증표인 흉터 하나 없다면
어찌 가을을 가을답게 살았다 하리

가을에는 여행을

헐렁한 옷에 운동화 차림
추억 구겨넣은 배낭 하나 짊어지고
동행하고
이름 모를 향기에 취하면서
나는 여행을 떠나고 싶다

한적한 시골길 지나다
바쁜 일손 보탤 수 있다면
넉넉한 마음 더욱 풍성 해지고

시리도록 푸른 하늘
한 조각 떠 있는 구름에
고운 노랫말 한 구절 적어 보내며

떠나는 가을 여행으로
정녕 나는 토실토실 살찔 것이다

가을 이야기

가을
곱게 물든 단풍잎들 속에
미처 끝내지 못한 사랑이 있습니다

연인과 함께 어디라도 떠나고 싶은
설레임이 있습니다

바람에 떨어지는 낙엽들 속에
꿈과 같은 추억이 있습입니다

호반에 떠 있는 쪽배 누구를
기다리는지 떠나지 못합니다

혼자 마시는 커피와 같은
우리들의 삶 이야기가
가을하늘에 머물고 있습니다

추수

참으로 자연의 위대함에 찬사를 보냅니다
계절이 두어 번 바뀌더니 가는 데마다
가득가득 채워 놓았습니다

황금빛이 넘실대는 들판
빨간 보석들이 셀 수 없이 달려 있는 텃밭
터질 듯한 가슴을 내보이는 뒷산

내 것은 하나도 없습니다

바라만 보아도 배부른 계절
뿌듯하고 기쁘고 행복한 농부들
손놀림이 너무나 부럽습니다

짧아지는 햇살에 가을 설거지가 한창인 들녘에
동참하고 싶어 이름 모른 새들도 축가를 부르는 놈
불러주고 이삭 주워 먹기에 바쁜 놈 정신없지만
쫓아내지 않는 이 가을
진정 감사하는 계절입니다

가을나무

가진 것 모두 내려놓고
떠날 준비를 한다

무겁지 않게
떠나는 방법을 연습한지 오래다

여름내 입었던 겹겹 너울 다 벗고
품었던 마음의 무게도 내려놓고

그래도 남는 것이 있다면
바람에게도 주며
어디선가에 뿌리를 내려
다음을 기약하게 하고

발가벗은 몸
귀뚜라미 울음소리와
벗하고 서 있네

첫눈 오는 날

사랑에 빠지면
손도 닿지 않는 하늘에서
별도 달도 따온다는 능력

노래하는
천사가 되면 새들이 꿈꾸는
세상으로 날아 간다는 환상도 꿈꾸지

첫눈이 오늘 날이면
골목길에서 하늘 바라기 하는 사람들
마음속 사랑에 촛불 하나씩 켜들고
날아갈 듯이 설레는 연인들

사랑에 날개를 달고
다닥다닥 뒤엉킨 슬픈 이웃들에게
한 줄기 희망도 빛도 흐르게
첫눈의 기쁨을 사랑으로 보내어 주세요

가끔, 나무를 본다

내 마음 흔들릴 때 나무를 본다

바람불면 부는 대로 제 몸 맡기고
눈비 맞으며 발가벗은 채
세월을 온몸으로 맞이하는 나무를 보며
주어진 삶을 사는 이유도 모르는 나는

오늘을 타박하며 잘난 체 하는
이내 육신 하찮은 것을 안다

살면서 더러는 생활에 고달픔이 찾아와
일기장 구석마다 지나가는 흔적 남기고
꽃피어 열매 맺는 나무의 고통은
환희에 찬 가슴 터지는 기쁨인줄 알지만

나는 오늘도 침묵으로 나를 가르치는
나무를 본다

나무 같은 사람

어두운 땅 속으로 심지를 감춘 채
발가벗은 몸뚱이를 우직하게 세우고
하늘 향해 잎을 피워 놓는 것도
누군가를 위함이겠지요

태어난 그날부터 삶을 다하는 날까지
희노애락에 지칠법도 하지만
말없이 미소로 자만하지 않는 것은
혼자만의 기쁨을 얻기 위해서일까요

잘 생긴 가로수도
공해를 탓하지 않고
한낮의 졸음을 참아가며
녹새옷을 입은 이유로
의무감에 서있는 것은 아니겠지요

키가 작으면 어떻고
등이 휘었으면 어떻습니까

새들의 쉼터가 될 수 있고
지나가는 바람도 소곤거리며
머물다 가면 한결 다정하겠지요

몇십년 살다가는 세상에
나무같은 사람 만날 수 있다면
삶의 값어치는 두배가 되겠지요?

제3부

시집 평설

변용의 솜씨 돋보여

박진환
(문학평론가 • 문학박사)

1. 前提

특정한 공간이나 배경, 지역이나 상황 등을 시역으로 설정, 이를 형상으로 재구성함으로써 시적 의도를 훌륭히 실현해내는 시인이 있는가 하면, 이와는 달리 매 순간마다 그때그때 시적 대상을 형상으로 재구성함으로써 시역 없이 편편의 시를 훌륭히 성공시키는 시인이 있다.

전자의 경우는 시로써 실현하고자 하는 의도의 이상화나 이상화로 이끌어 올림으로써 의도를 실천하고자 한다는 점에서 서사적 · 극적 요소가 강하기 마련이고, 후자의 경우는 일상적 · 체험을 형상화함으로써 서정적 · 서경적 경향이 짙게 드러나기 마련이다.

전자적 경우로는 3계의 순례를 통해 시의 복수를 감행함으로써 스스로의 의도를 실현하고자 했던 단테의『신곡』이나, 무한의 지식, 행동력을 지닌 파우스트로 하여금 세계를 편력하게 했던 괴테의『파우스트』등을 예로 제시할 수 있다. 그리고 후자적 경우로는 일상적 삶이나 삶에서 체험된 것들을 한편의 시로 재구성, 형상으로 빚어냄으로써 훌륭히 시를 써온 많은 시인들의 경우를 들 수 있다.

70여 편의 시를 2부에 나누어 수록하고 있는 임영희 시인의 시집『가을 산행』은 그 후자적 경우가 될 것 같다. 일상적 삶과 삶의 주변에서 체험된 것들은 물론 스스로의 내면계에 펼쳐지고 있는 내면 풍경까지를 형상으로 재구성해낸 제1부의 시편「ㄱ에서 ㅎ까지」가 그러하고 제2부「꽃과 사계」가 또한 그러하다.

1부의 시편들은 제목의 첫머리 글자의 자음을 ㄱ에서 ㅎ까지 순차적으로 나열하고 제2부 시편들은 봄에서 겨울까지의 사계와 꽃을 통한 사계의 순환질서를 읽어볼 수 있게 해주고 있는데 이들 시편들은 예외 없이 후자적 경우에서 씌어진 것들이다. 의도적 시역의 설정이나 기도된 시적 질서나 구성없이 그때그때 발상된, 그것이 삶의 풍경이거나 내면적 풍경이거나 자연현상으로서의 계절감각이거나 계절사물이거나를 시로써 형상화 해주고 있어 후자적 정서내지는 서경적 성향을 짙게 풍겨주고 있다.

그렇다고 해서 임영희 시인의 시가 정서나 관념유희로 일관하고 있다는 뜻은 아니다. 그보다는 시적 형상화의 충실로 현대시가 요구하고 있는 시법에서 시를 출발시키고 있어 호감과 설득력을 획득하고 있다. 다만 의도적 기획이나 제작성보다는 시를 최상의 행복, 최선의 정신, 최량·최고의 행복한 순간의 기록으로 보았던 셸리의 명언을 떠올릴 만큼 그때그때의 착상의 형상화에 충실을 드러내고 있다는 것을 강조해두고 싶었을 뿐이다.

최고의 행복한 순간의 기록으로서의 시, 이때 시인들이 흔히 범하기 쉬운 과오가 관념이나 정서의 과잉노출이다. 관념과 정서의 과잉분출은 필연적으로 관념과 정서유희를 필연화 하게 되고, 그 때문에 현대시의 반열에서 물러서게 된다. 다행한 것은 임영희 시인의 시가 그때그때의 발상에서 시를 출발시키면서도 관념이나 정서유희를 극복해주고 있다는 점이다.

관념과 정서유희의 극복, 그것이 다름 아닌 현대시법에의 충실이고, 이 충실에 의해 씌어진 것이 형상화 작업이다. 형상화 작업이란 주지하다시피 시적 발상이 되어주는 정서적 교감이나 관념적 의미성을 형상으로 재구성해내는 일종의 의도적이고도 기획된 제작성을 의미한다.

현대적 기획으로 명명되기도 하는 형상화 작업은 그것이

정서였건 내면적이고도 정신적인 것이었건, 이를 형상으로 재구성해내는 기도된 제작술에 의탁된다. 임영희 시인의 시가 설득력으로 작용하고 있는 것은 바로 이 때문인데 시를 제시, 구체화 했을 때 이해를 도울 것으로 본다.

2. 형상화의 충실로 본 『가을 산행』 시편들

형상의 충실이란 시적 대상이 관념이었건, 정서였건, 내면적이고도 정신적이었건, 혹은 의식이나 심리적인 것이었건, 이것들에 형상의 옷을 입혀 이미지의 조립으로 재구성해내는 것을 말한다. 이를 전문적 용어로는 현대적 기획이라 하고, 현대적 기획 속엔 의도적 제작이나, 기도된 제작 따위의 제작술이 포함되게 된다.

제작술은 조립해내는 기술을 말한다. 관념이나 정서, 정신적인 것이나 내면적인 무형의 것에 형상을 부여, 옷을 입히게 되면 필연적으로 변용이 이루어지고 변용이 이루어지면 낯설게 쓰기를 필연화 하게 된다.

형상화 작업이란 이 모든 것들을 포괄하게 되고 이 포괄된 기술을 현대적 기획이라 명명했고, 이를 시에 도입한 것이 형상화 작업이다. 임영희 시인의 시도 예외는 아니다. 그것은 시집에 수록된 시편들을 통해 형상화 작업의 양태를 몇 가지로 나누어 지적해볼 수 있기 때문이다.

2-1 정서의 형상화 작업

정서는 내면적인 것이어서 형상으로 내재하지는 않는다. 그 때문에 무형의 것이다. 이 무형의 것에 형상을 부여, 사물이나 존재로 태어나게 하는 것이 정서의 물화쯤이 된다. 그리고 정서를 물화했을 때 정서는 사물이나 존재로 태어나는 형상을 필연화 하게 된다. 시를 제시해 본다.

가) 흰눈 내리면
그리운 사람아
첫 만남의 그 벤치로 오셔요

봄 여름 가을 우리의 속삭임이
눈꽃으로 피어나서
공원 가득 사랑으로
채워지게 하셔요

새들도 보았지요
그대 눈빛에 젖은 사랑을
나무들도 보았지요
그대 변치 않을 약속을

오늘

소리 없이 내리는 흰 눈은
나를 겨울 나무로 서서
기다리게 하네요
그대를

나) 펼쳐든 우산이
내가 맞아야 할 매를 흠씬 맞고 있다

피한 매의 위안이 가져다주는
은밀한 안도에 기대어 나는
흐린 시야를 닦으며 가고 있다

불안 속에서도 숨 쉴 수 있는 법을
우리는 용케도 발견 한 것이다

세상은 다 젖어 저만큼의 고통을
감수하고 있는데
젖지 않는 변론은 누구의 지혜일까

우산이 있다는 이유만으로
고통을 피할 수 있다는
만족이 걸음을 재촉한다

예시 가)는 「기다림」, 나)는 「비 오는 날에」의 각각 전문이다. '기다림'과 비 오는 날이 환기시키는 '우수'는 다 같이 누구나 체험하고 환기시키는 항용의 보편적 정서다. 이를 정서 그대로 표출하지 않고 정서에 상응하는, 엘리엇식으로 말하면 객관적상관물에 결부시키거나 의탁, 사물의 이미지를 빌어 재구성해주고 있어 나름대로의 형상화에 기여하고 있다.

예시 가)는 '기다림'이라고 하는 항용의 보편적 정서를 발상으로 형상화한 시다. 항용의 정서 표출대로라면 '그리움'이 수반하는 '보고 싶다'거나, '그리워 견딜 수 없다'거나, '그리움에 지쳐 가슴이 아프다'거나가 정서의 중심에 놓여질 수 있는 것들이다. 그러나 예시에서는 직정의 호소력에 의탁하기보다는 그리움을 환기시키거나 그리움을 의탁하고자 하는 주변의 사물들을 동원, 이를 형상으로 재구성해주고 있다.

일찍이 사르트르가 '시는 사물로 쓴다'고 지적했던 명구를 떠올리게 한다고나 할까. 어떻든 정서의 유로적인 표출을 지양, 정서의 물화로 형상화 해주고 있음을 보여준다고 할 수 있다.

예시 나)도 같은 맥락성을 지니고 있다. 비 오는 날이 환기시키는 '우수'랄까, 멜랑콜리는 일체 배제되고 대신 이를 우산이라는 객관적상관물을 전면에 배치, 객관화하고 있는데 이점에서 예시 나)도 예시 가)와 같은 맥락성을 지닌 정서를 그에 상응하는 객관적상관물로 재구성, 형상으로 보여주고 있음을 읽게 해주고 있는데 주지하는 바이지만 엘리엇식으로 정서로부터의 도피나 실감유리쯤에 해당될 것으로 본다.

정서와 함께 무형의 것을 형상으로 재구성해내는 것이 관념의 형상화 작업이다.

2-2 관념의 형상화 작업

먼저 시부터 제시해 본다.

가) 구름을 볼 때마다
달팽이가 지나가는 것 같았습니다
느릿느릿 지게를 짊어진 할아버지처럼

밤하늘 달을 볼 때마다
살림살이가 늘었다 줄었다 하는 것 같았습니다
흥했다 망했다 살아간 아버지처럼

그래요
세상에 정해진 내 것이
어디 있겠습니까

달도 구름도 하늘에
세를 내고 사는지 모를일
지나가는 시간 귀한 줄 모르고
세월에 방을 얻어 살다가는
인생이란 나그네겠지요

나) 나는 행복합니다
아침마다 쳐다볼 수 있어서입니다

가슴으로 사랑으로 엮어진
알콩달콩 식구들이 있어서입니다

투덜대는 남편에게 마주하고
잔소리 할 수 있는 기운이 있어서입니다

언제라도 연락하면 다정히 응답하는
소중한 친구가 있어서입니다

열정과 용기를 다하여 힘써
배워야 하는 공부가 있어서입니다

부엌에서 식구들 먹일 음식을
만드는 이 시간은 정말
행복합니다

예시 가)는「인생」, 나)는「행복합니다」의 각각 전문이다. 예시들이 제시하고 있는 '인생'이나 '행복' 따위는 다 관념으로서의 내면적인 것들로서 정신적 해석에 의해 존재가치가 인정되게 된다. 이러한 정신적인 가치를 관념에서 일탈, 사물을 빌어 재구성, 형상으로 빚어냄으로써 정서의 경우와 같은 맥락의 형상화 작업에 의존되고 있음을 보여주고 있다.

예시 가)에서의 '인생'은 한마디로 정의된다거나 몇 행의 시로 진술될 수 있는 것이 아닌 대명제 중의 명제다. 이러한 인생론적인 것을 '인생'을 드러내기에 알맞다고 생각되는, 곧 '인생'에 상응하는 주변의 사물들을 동원, 형상으로 재구성함으로써 관념을 극복해주고 있다.

황혼녘의 노경을 '달팽이가 기어가듯', '느릿느릿 지게를 짊어지고 간다'고 형상으로 변용해 낸다든지, 굴곡 많은 아버지의 생을 '밤하늘 달을 보며', '살림살이가 늘었다 줄었다' 되풀이하는 흥망성쇠의 악순환으로 재구성한다든지, 다소 통속적이긴 하지만 '인생이란 나그네'란 진술 등은 다같이 생을 의미론적이 아닌 사물을 빌어다 재구성해 주는 치환이나 병치같은 매타를 구사하고 있어 설득력을 얻고 있다고 할 수 있다.

예시 나)도 예외는 아니다. '행복'이란 주관적인 관념의 산물이다. 그 때문에 정신적 해석에 의탁되기 마련인데 예시에서는 이를 지양, 행복할 수 있는 조건들인 행복을 성립시켜주는 객관적상관물인 '알콩달콩 식구들', '투덜대는 남편', '소중한 친구', '식구들 먹일 음식' 따위의 행복자체는 아니면서도 행복을 성립시켜주는 행복의 요소들을 동원, 형상으로 재구성함으로써 관념에서의 일탈을 성공시키고 있다.

이와 같이 정서나 관념의 일탈을 통한 사물로 쓰기는 필연적으로 변용을 수반하기 마련이게 된다. 정서나 관념이 사물의 이미지를 빌어 재구성됨으로써 변용이 불가피해지기 때문이다.

2-3 형상화 작업의 필연성 변용

정서나 관념을 사물로 바꿔버리면 모습이 달라지게 마련이고, 모습이 달라지면 낯설게 쓰기가 필연화 하게 된다. 러시아 형식주의의 전매특허품인 낯설게 쓰기는 바로 이것에서 출발된 시다.

그들의 시법은 '정서'나 '관념'이 자동적으로 전달되어 환기시키는 진술성의 것을 의도적으로 차단, 비친수성의 것으로 대체함으로써 새로운 모습으로 태어나게 하고자 한 시법에서 출발시킨 시가 낯설게 쓰기다. '변용'과 '낯설게 쓰기'는 그 표현은 달리해도 그 풀이를 빌면 '변용'은 얼굴을 바꾼 것으로서, 얼굴을 바꾸게 되면 낯설기가 필연화 하게 된다. 이점에서 변용은 한자표기이고 낯설게는 이를 풀이해 쓴 것에 다름 아니게 된다. 그리고 이러한 낯설게 쓰기는 관념이나 정서를 사물로 형상화 했을 때 필연화 하게 된다. 시를 제시해 본다.

가) 오늘 벚꽃을 봅니다
꽃비가 내립니다
취한 나는 어쩔줄 모릅니다
해마다 피어나는 벚꽃

봄비가 내리고 바람불면
향기에 취한 나는
어쩔 수 없이 소녀가 됩니다

얼마나 많은 그리움이 쌓여서
저리 꽃잎이 무게 되어
낙화할 수 있을까

벚꽃에 취한 마음 하나 나비 되어
꽃잎을 따라 날개짓 합니다

나) 가을이 풀숲마다 내려 앉아 있고

잔잔한 시냇물엔 고운 햇살들이
오순도순 사이좋게 놀고 있다

흐르는 냇물위에 날개 잘린 잠자리 떠내려가고
소금쟁이 바쁘게 움직이는 보폭이 크다

개구쟁이들 멱감던 자리엔
따가운 가을빛이 내려와 신열을 식히고

얼마나 걸었을까
한발자국 두발자국 코스모스 길

붉은 저녁 노을이
나를 시인으로 세운다

예시 가)는「벚꽃」, 나)는「가을빛」의 각각 전문이다. 하나는 계절 산물인 꽃을, 다른 하나는 사계 중의 하나인 가을을 형상화하고 있는데 꽃이나 계절이 환기시키는 자동전달의 친숙성들에서 일탈되고 있음을 보여주고 있다.

예시 가)에서 '벚꽃'은 봄을 대표하는 아름다움의 대명사쯤이 된다. 그것이 '벚꽃'이 환기시켜 자동으로 전달시키는 미적 체험이다. 헌데 시중화자는 '아름다움'이 아닌, '벚꽃'의 메인 이미지와는 거리가 먼 '향'을 이끌어다 '향'에 취함으로써 '소녀'가 되는 변신을 하고 있다. 그러면서 '얼마나 많은 그리움이 쌓여서/저리 꽃잎이 무게 되어/낙화할 수 있을까'라고 낙화의 이유를 그리움의 무게로 변용하고 있는데 돋보이는 부분이다. 그리고 종연 '벚꽃에 취한 마음 하나 나비 되어/꽃잎을 따라 날개짓 합니다'도 외견상 낙화하는 벚꽃과 동행한다고 되어 있지만 기실은 그리움을 좇아 한 마리 나비로 그리움과 동행하고 있는 정서적 동행을 변용하는 것으로서 역시 변용에 값하고 있다.

예시 나)에서의 시행 '잔잔한 냇물엔 고운 햇살들어/오순도순 사이좋게 놀고 있다'거나, '소금쟁이 바쁘게 움직이는 보폭이 크다'나 '개구쟁이들이 멱감던 자리엔/따가운 가을빛이 내려와 신열을 식히고' 등은 다 변용에 값하는 것들로 보아줄 수 있는 낯설게 쓰기라 할 수 있다.

이쯤에서 결론을 제시할 수 있을 것으로 본다.

3. 결어

임영희의 시집 『가을 산행』에 관류하고 있는 시맥은 정서의 형상화와 관념의 형상화, 두 형상화가 필연화 하는 변용을 보여줌으로써 현대시법에의 충실을 자신의 시에 실천한 것이 되고, 이점 시적 설득력과 신뢰를 획득하고 있다는데 결론은 모아진 것으로 본다.

•

임영희 시인은 제주도 출신으로 월간 문학공간으로 등단하였다. 하남문인협회 회원으로 2007년 하남여성시경진대회에서 최우수상을 수상하였고, 2008년 문학공간 신인상을 수상하였다. 2009년 한국문인협회 회원으로 현재 하남문인협회 감사로 있다.

•

가을 산행

2012년 8월 25일 인쇄
2012년 8월 30일 발행

지은이 / 임영희
발행인 / 박진환
펴낸곳 / 조선문학사
등록번호 / 1-2733
주소 · 110-092 서울 서대문구 홍제2동 96-4
대표전화 / 730-2255
팩스 / 723-9373

ISBN 978-89-98115-00-5

정가 8,000원